3.
Wirtschafts-
Manifest
Börsenbuchverlag

Prof. Otmar Issing

„Wie wir den Euro retten und Europa stärken"

Prof. Otmar Issing im Gespräch mit Andreas G. Scholz

Gestaltung und Satz: Johanna Wack, Börsenmedien AG
Lektorat: Hildegard Brendel
Druck: CPI – Ebner & Spiegel, Ulm

ISBN 978-3-864700-79-8

Bibliografische Information der Deutschen Nationalbibliothek:
Die Deutsche Nationalbibliothek verzeichnet diese Publikation in der Deutschen Nationalbibliografie; detaillierte bibliografische Daten sind im Internet über <http://dnb.d-nb.de> abrufbar.

BÖRSEN MEDIEN
AKTIENGESELLSCHAFT

Postfach 1449 • 95305 Kulmbach
Tel: +49 9221 9051-0 • Fax: +49 9221 9051-4444
E-Mail: buecher@boersenmedien.de
www.boersenbuchverlag.de

1.

Vorwort

Otmar Issing lernte ich zum ersten Mal während meiner Tätigkeit als Finanzjournalist für die Nachrichtenagentur Bloomberg kennen. Issing war damals Chefvolkswirt der Europäischen Zentralbank und jeder wusste, die Märkte würden jedes seiner Worte genau abwägen, einordnen, bewerten und verarbeiten. Die Gespräche mit Issing waren von ganz besonderer Qualität, seine Analysen immer messerscharf und niemals unkritisch. Er hatte fast stets ein Wort für mich und mein Team übrig. So begleitete ich sein Wirken in der EZB während seiner gesamten acht Jahre im Direktorium – zunächst an der Seite von Wim Duisenberg, dem ersten Präsidenten der EZB, später an der Seite von Jean-Claude Trichet. Issing blieb seinen geldpolitischen Überzeugungen dabei immer treu. Die Tradition und das Gedankengut der Deutschen Bundesbank wurden durch ihn auch in der jungen Institution EZB weiterhin gepflegt. Märkte und Marktteilnehmer wussten bei Issing, woran sie waren. Umso mehr lag mir jetzt daran, seine derzeitige Sicht auf die Dinge zu erfahren. Die Sorgen um den Euro wachsen zunehmend. Ich wollte wissen, wie einer der Väter unserer gemeinsamen Währung die Lage wirklich sieht. Lief da von Anfang an etwas in die falsche Richtung, hätte man die heutigen Probleme nicht viel früher erkennen können, ja müssen? Issing warnte schon früh, doch schien auch er die Dimensionen der heutigen Euro-Finanz- und -Verschuldungskrise nicht erwartet zu haben. Was ist jetzt wirklich machbar, was wirklich politisch auf europäischer Ebene umsetzbar? Ohne unrealistische Versprechen. In einem erneuten Gespräch bat ich Issing um Klartext, ohne das übliche „Gegipfel und Gestöhne“ in Europa. Wo steht der Euro heute, wie hat er noch eine Zukunft und was heißt das für Europa? Ich suchte das Gespräch mit Ottmar Issing und freute mich sehr über die Fortsetzung unseres Gedankenaustauschs.

Andreas G. Scholz,
Frankfurt, im Juli 2012

Andreas G. Scholz ist seit 2010 Vorstand der DAF Deutsches Anleger Fernsehen AG und dort zugleich auch als Chefreporter tätig. Er berichtet von vielen großen internationalen Wirtschaftskonferenzen, wie z. B. dem WEF World Economic Forum in Davos. Zuvor war Scholz Büroleiter von BloombergTV in Frankfurt am Main. Seine journalistische Laufbahn begann er in der ARD, beim InfoRadio in Berlin.

2.

Prof. Otmar Issing im Gespräch mit Andreas G. Scholz

Herr Professor Issing, Sie gelten als einer der Väter des Euros. Sie haben maßgeblich an der Gestaltung der Währungsunion mitgewirkt und waren bis 2006 Chefvolkswirt der Europäischen Zentralbank. Sie haben also großen Anteil daran, dass wir den Euro, die gemeinsame Währung in Europa haben. Sie haben aber auch immer davon gesprochen, dass dies ein mutiges Experiment war. Heute lesen und hören wir, dass dieses Experiment womöglich auf der Kippe steht, dass es zu scheitern droht. Wie groß sind Ihre Sorgen im Moment um die Gemeinschaftswährung, um den Euro?

Sie sind beträchtlich – viel größer, als ich mir das je hätte vorstellen können. Sie haben recht! Ich habe vor dem Beginn darauf hingewiesen, dass das ein Experiment ist, eine Währungsunion mit so vielen, so heterogenen Ländern zu starten. Politisch, denke ich, hätte ich mir das nicht zugetraut, aber Notenbanker gelten gemeinhin als Bedenkenträger, denen der politische Mut fehlt.

Wie es sich herausstellt, war es sehr mutig, den Euro mit elf Ländern am 1. Januar 1999 zu beginnen.

Sie sprachen damals von einem Meilenstein in der Währungsgeschichte. Ein historisches Datum, dieser 1. Januar 1999.

Das war und bleibt so. Ich erinnere mich in diesem Moment Ihrer Frage an den Tag im Januar 1999, als wir – ich sage immer noch wir – uns in der Europäischen Zentralbank im Gouverneursrat getroffen haben zur ersten Sitzung mit der neuen Währung und uns deutlich bewusst wurde, hier ist etwas historisch Einmaliges geschehen. Der berühmte Mantel der Geschichte, der vorbeiweht, den haben alle gespürt, dem konnte sich niemand entziehen. Dafür gab es gute Gründe. Noch nie in der Währungsgeschichte der Menschheit haben elf Länder, die sonst ihre Souveränität behielten, ihre geldpolitische Kompetenz auf eine supranationale Institution, die Europäische Zentralbank, übertragen und eine gemeinsame Währung eingeführt.

Und noch historischer wurde dann der Augenblick, als man den Euro auch fühlen konnte, also er nicht nur als Buchgeld da war, sondern eben auch als Bargeld?

Ich muss gestehen, dass für mich als Wissenschaftler, als Notenbanker, der entscheidende Moment dieser 1. Januar 1999 war. Die D-Mark-Scheine und Münzen, die noch umliefen, waren ja nur Symbole für den noch nicht existierenden Euro in Form von Münzen und Banknoten. Für die Bevölkerung ist der Euro naheliegenderweise aber erst in diesem Moment im wahrsten Sinne des Wortes begreifbar geworden.

1999, das ist jetzt 13 Jahre her. Jetzt könnte man sagen, der Euro, das ist ein Teenager im besten Alter, ein bisschen pubertierend – mit all den Problemen, die Jugendliche eben in diesem Alter haben.

Wenn wir in dieser Terminologie bleiben, kann man rückblickend sagen, der Euro hatte eine behütete, glänzende Kindheit. Er kam dann in das – wie Sie es eben beschrieben haben – Teenageralter und da geht es nun mächtig rund.

Der Euro kam aber mit einem nicht unwesentlichen Geburtsfehler zur Welt. Und damit meine ich seine Konstruktion. Es wurde ein Euro geschaffen ohne das politische Korsett drum herum – ohne die Krönung, wie man auch gerne sagt. Sehen Sie das im Nachhinein auch so und wie war Ihre Wahrnehmung damals?

Wie schon erwähnt, habe ich damals von einem Experiment gesprochen – das sagt alles über meine Einschätzung. Ich gehörte lange zu denen, die der Auffassung waren, die politische Union sollte der Währungsunion vorausgehen oder zumindest zum gleichen Moment kommen. Nun war der Euro ohne politische Union gestartet und die Frage war daher von Anfang an: Kann eine Währungsunion ohne politische Union überleben? Ich bin schließlich zu der Überzeugung gekommen, dass dies – jedenfalls für eine längere Zeit – möglich ist. Mein Kollege Padoa Schioppa im Direktorium hat nach dem Start eine Rede nach der anderen gehalten unter dem Motto „Wir brauchen bald eine politische Union, sonst kann der Euro nicht überleben". Ich habe ihm gesagt, „Tommaso, hör' auf, solche Reden zu halten, denn implizit sagst Du ja, der Euro wird bald scheitern!" – denn die politische Union hatten wir damals nicht und sie ist auch heute nicht um die Ecke sichtbar.

Ist das der große Knackpunkt heute? Wird jetzt die Quittung sozusagen ausgestellt für diese fehlende Krönung, für diese Unvollständigkeit der Währungsunion? Es ging ja eine lange Zeit gut. Sie sprachen von der behüteten Kindheit. Wir hatten Wachstum in Europa. Die ersten Jahre waren sehr ordentlich. Dann kam die Finanzkrise. Wir sind jetzt im Jahr 5 der Finanzkrise. Hat die Finanzkrise den Euro nun nackt dastehen lassen?

Nein! Es wird allzu vieles auf die Finanzkrise geschoben. Sie hat zwar das ganze Umfeld noch sehr viel schwieriger gemacht, aber die Probleme, die zu dieser Krise im Euroraum führten, haben nur am Rande mit der Finanzmarktkrise zu tun. Es sind drei Elemente. Da ist zum einen das Auseinanderlaufen der Preisentwicklung in den einzelnen Ländern. Die Lohnstückkosten in einigen Ländern sind in den ersten acht Jahren um bis zu 30 Prozent im Vergleich zu Deutschland gestiegen. Das hat zu gravierenden Wettbewerbsverschiebungen geführt. Heute ist immer wieder die Rede davon, dass Deutschland der hauptsächliche Profiteur der Währungsunion sei. Für den Beginn stimmt dies überhaupt nicht. Deutschland ist mit einer überbewerteten

Währung in die Währungsunion gegangen, war mit vergleichsweise hohen Realzinsen konfrontiert, hat sich aber aus dieser Lage durch schwierige Jahre mit hoher Arbeitslosigkeit herausgearbeitet – nicht zuletzt dank der Zurückhaltung der Gewerkschaften, der Tarifparteien. Die Lohnstückkosten sind in Deutschland nicht gestiegen. Das hat nicht zuletzt dazu geführt, dass Deutschland die hohe Arbeitslosigkeit überwunden hat und innerhalb der Währungsunion heute als das wettbewerbsfähigste Land dasteht. Aber das war nicht von Anfang an gegeben, das musste sich Deutschland hart erarbeiten. Das eine Element war also das Auseinanderdriften der Lohnstückkosten, der Preise und Kosten in den einzelnen Ländern, mit gravierenden Folgen für die Leistungsbilanzdefizite hier und -überschüsse dort.

Das Zweite war ein Ereignis, zu dem Deutschland ganz wesentlich beigetragen hat, nämlich die Verletzung der Regeln des Stabilitäts- und Wachstumspaktes – zusammen mit Frankreich in den Jahren 2003/04. Beide Länder haben damals eine politische Mehrheit organisiert, um zu verhindern, dass die vorgesehenen Sanktionen angewendet wurden. Das war ein verheerendes Signal. Ich habe das einmal so ausgedrückt: Deutschland und Frankreich haben den Stabilitätspakt gemeuchelt.

Dies hat das Vertrauen bis heute beschädigt.

So ist es. Und es kam ein drittes Element hinzu. Das waren die extremen Preissteigerungen für Immobilien, vor allem in Spanien und Irland. Daraus sind Krisen des Bankensektors und schließlich Krisen der öffentlichen Haushalte geworden. Und es ist die Kombination dieser drei Entwicklungen, die zu dieser Dimension der Krise geführt hat. Alle drei Elemente für sich genommen habe ich vorhergesehen, die Dimension der geballten Krise aber habe auch ich unterschätzt.

Aber es war doch letztlich eine Krise mit Ansage – es musste doch unweigerlich dazu kommen?

Absolut. Das letzte Kapitel meines Buches über den Euro war überschrieben mit „Europa am Scheideweg". Und das war geschrieben vor dem Ausbruch der Krise. Also das ist jetzt nicht Besserwissen im Rückblick, sondern das war abzusehen.

Trotzdem heißt es immer wieder, die ‚Märkte', die seien schuld an dieser Entwicklung, die würden Länder in Sippenhaft nehmen und jetzt die Politik vor sich hertreiben. Macht man es sich mit dieser Betrachtung nicht ein wenig zu einfach mit den sogenannten Märkten und ihrer Rolle als die Bösen?

Ja, das ist meist ein reines Ablenkungsmanöver. Lange hat man die Spekulation verantwortlich gemacht dafür, dass die Krise ausgebrochen ist. Aber was ist Spekulation daran, wenn Anleger versuchen, Anleihen eines Landes loszuwerden, das nach dem Start der neuen Regierung erklärt, „unser Haushaltsdefizit ist nicht 3,7 Prozent – wir haben in die Bücher geschaut, es ist in Wirklichkeit über 13 Prozent, ach ja, sogar 15 Prozent". Dass da Marktteilnehmer aufwachen und reagieren, hat doch mit Spekulation nichts zu tun.

Das waren Versicherungen, das waren Banken, die möglichst schnell aus diesen Titeln raus wollten.

Ist die Politik trotzdem jetzt überfordert, weil das Tempo, was da verlangt wird, einfach extrem hoch ist?

Die Politik ist mit ihrem eigenen Tempo zurückgeblieben. Da muss man sich nicht wundern, dass Vertrauen nicht entsteht, wenn man immer wieder nur gerade so viel macht, wie man sozusagen als Minimum des Verständnisses am gemeinsamen Nenner zustande bringt. Und wenn man vor allem nicht klar macht, wie weit man am Ende gehen will. Dann fordert man die Märkte geradezu heraus, die Möglichkeiten der Politik auszutesten.

Man dachte trotzdem immer, der Euro würde zu mehr Konvergenz führen. Die Divergenzen sind aber sogar größer geworden, die Spaltungen innerhalb der Eurozone wurden extremer – hat Sie das verwundert, immerhin ist das ja auch eine enorme Herausforderung für die EZB, die ja eine einheitliche Geldpolitik für die gesamte Eurozone verantworten muss – oder sind das eben die Folgen des Lebens einiger Länder über die eigenen Verhältnisse hinaus?

Die Konvergenz, die wir auch beobachtet haben, war zu begrüßen, hat aber am Ende dann auch die Probleme mitbewirkt. Wenn wir daran denken, dass sich viele Länder lange in dem Glauben bestärkt sahen, dass man niedrige langfristige Zinsen für seine Anleihen haben kann, ohne dass man selbst mit solider

Finanzpolitik dafür sorgt – da haben die Märkte auch geschlafen. Es ist noch gar nicht so lange her, dass Anleihen in Griechenland sich kaum besser rentiert haben als solche der Bundesrepublik Deutschland. Das war ein völlig anomaler Zustand; denn die niedrigen Zinsen in Griechenland hatten nichts mit der griechischen Finanzpolitik zu tun, sondern mit der Vorstellung, das sind Mitglieder eines gemeinsamen Währungsraumes und da genießen alle die gleiche Bonität.

Nun, dies fiel den Märkten wirklich lange Zeit nicht auf.

So ist es.

Was hat dann letztlich aber diese Attacke ausgelöst, dieses Überschwappen der Krise, was auf einmal auch die Aufmerksamkeit der Märkte erzeugte?

Herr Scholz, wenn man zurückgeht, dann war es der Oktober 2009. Die neue Regierung in Griechenland kam nach der Wahl ins Amt und hat diese Schreckensmeldung in die Welt gebracht. Ich meine damit nicht, dass man das hätte vertuschen sollen, das ist viel zu lange geschehen. Die plötzliche Konfrontation mit der Wahrheit hat zu diesem Aufschrecken geführt und wenn Sie die Zeit zurückverfolgen: Seitdem ist der Euroraum nicht mehr aus den negativen Schlagzeilen herausgekommen.

Das Ganze hat ja auch eine enorme gesellschaftliche Tragweite. Wenn wir nach Südeuropa schauen, die Jugendarbeitslosigkeit in einigen

Ländern ist teilweise bis zu 50 Prozent hoch. Viele Bürger sind überfordert mit dem Thema, fühlen sich quasi zu Unrecht jetzt auch belangt von der Politik. Wie sieht das ein Ökonom wie Sie? Die Dimension der Krise hat eine Tragweite tief in die Gesellschaft hinein.

Sie haben völlig recht. Die Dimension reicht vielleicht noch viel weiter, als Sie es angesprochen haben. Wenn man daran denkt, welche nationalen Ressentiments wieder aufgebrochen sind, im Ausland gegenüber den Deutschen, in Deutschland gegenüber den faulen Südländern. Ressentiments, die aus dem 2. Weltkrieg stammen, von denen wir doch gehofft, ich denke, geglaubt hatten, dass sie im Laufe der Jahrzehnte sozusagen aus dem Bewusstsein verschwunden sind, die kommen jetzt wieder an die Oberfläche. Das ist erschreckend und besorgniserregend.

Beim Geld wird es offensichtlich ernst.

Kann man so sehen. Die Sorge um die eigene Zukunft, die materielle und darüber hinaus, beunruhigt die Menschen. Und nachdem Sie die Jugendarbeitslosigkeit angesprochen haben. Ich war gerade in Spanien. Jeder zweite spanische Jugendliche ist arbeitslos, und zwar arbeitslos und hoffnungslos, nicht mit der Erwartung, dass das ein vorübergehender Zustand ist, sondern ohne Hoffnung für die Zukunft. Das ist eine deprimierende Situation, dieser Skandal gefährdet das Land nicht nur ökonomisch, sondern erfasst die Gesellschaft im Ganzen. Nur sollte man dabei eines nicht vergessen: Der Skandal ist viel älter. Man darf hier nicht übersehen, dass in Spanien diese hohe Jugendarbeitslosigkeit sozusagen eine schlimme Tradition hat. Sie war in den letzten 30, 40 Jahren nur selten niedriger als 30 Prozent.

Die Krise hat die Lage noch einmal verschärft, aber der Blick in die Vergangenheit zeigt, dass hier ein Problem vorliegt, das nicht primär mit dem Euro und der Krise zu tun hat, sondern zurückzuführen ist auf Mängel im Ausbildungssystem, Verkrustungen des Arbeitsmarktes, ein Verhalten der Gewerkschaften, das diejenigen begünstigt, die einen Job haben und die ignoriert, die vor der Tür stehen. Es ist wichtig, dass man die wirklichen Ursachen erkennt, denn man muss an den richtigen Stellen ansetzen, um die Situation zu verändern, und darf sich nicht der Illusion hingeben, dass man jetzt sozusagen von oben herab von „Europa" mit irgendwelchen Programmen da schnell und vor allem dauerhaft etwas ändern kann.

Das wird also ein langer Prozess werden. Die Krise ist ein Verstärker dieser Probleme. Es braucht seine Zeit, bis die notwendigen Reformen wirken. Aber die Probleme müssen jetzt angepackt werden, denn die lange Wirkungszeit ist gewiss kein Grund, damit zu zögern. Im Moment packt die EZB sehr viel an. Man hat den Eindruck, sie ist die letzte Verteidigungslinie im Kampf gegen die Euro-Schuldenkrise, weil die Politik eben nicht vorankommt, wie sich das viele wünschen und auch erhoffen. Inwieweit ist diese noch junge Institution überfordert mit dieser Situation?

Ich meine nicht, dass sie überfordert ist, aber sie ist überfordert mit den Erwartungen, die an sie gerichtet werden, und je weniger die Politik die Probleme an den Wurzeln angeht, desto mehr richtet sie ihre Erwartungen und Forderungen an die Europäische Zentralbank, die dafür nicht geschaffen ist. Das ist eine Notenbank, und nicht eine Einrichtung zur Rettung von bankrottbedrohten Staaten. Das muss man sich immer wieder vor Augen führen. Eine Notenbank fungiert immer auch als Lender of Last Resort für das Bankensystem – aber sie ist nicht der Retter von Staaten.

Und jetzt soll sie auch noch die Banken in Europa beaufsichtigen.

Ich halte das nicht für eine gute Idee. Konflikte mit dem Ziel der Preisstabilität wären zu erwarten. Vor allem aber würde die EZB weiter in die Politik hineingezogen, denn am Ende sind Entscheidungen über den Einsatz von Steuerzahlergeldern zu treffen.

Letztlich kann die EZB sicher temporär überbrücken, aber eben nicht auf Dauer, das ist nicht ihre Aufgabe, das ist Aufgabe der Politik. Lässt sich die EZB aber nicht schon viel zu lange vor den politischen Karren spannen?

Wo die Grenzen für solche Aktionen liegen, will ich hier nicht diskutieren. Darüber kann man sich lange streiten. Aber es ist mit ein Ausdruck der europäischen Misere, dass die Probleme nicht dort angegangen werden, wo sie zu lösen sind, nämlich bei den Regierungen, bei den Staaten und vor allem bei der Finanzpolitik der einzelnen Länder.

Die Geldpolitik allein kann die Krise im Euroraum jedenfalls nicht lösen.

Schon allein die überzogenen Erwartungen an die EZB können das Ansehen der Institution beschädigen.

Wirkung haben einige Maßnahmen aber schon erzielt. Durch die Eingriffe der EZB an den Märkten wurden deren Sanktionsmechanismen außer Kraft gesetzt, zumindest zeitweise. Und nun soll auch der Rettungsschirm an den Märkten direkt eingreifen dürfen. Wie sehen Sie all dies?

Es war mehrfach zu beobachten, dass Reformanstrengungen nachlassen, wenn der Druck der Märkte nachlässt.

Den Deutschen wurde zu Beginn der Währungsunion versprochen, dass die EZB mindestens genauso unabhängig sein wird wie die Deutsche Bundesbank. Wie viel Bundesbank steckt heute denn wirklich noch in der EZB?

Mit ihrem Statut steht die EZB rechtlich auf einem festen Fundament. Die Unabhängigkeit ist garantiert und die Aufgabe „Wahrung der Preisstabilität“ klar vorgegeben. Es ist Aufgabe der Verantwortlichen, diesen Auftrag zu erfüllen.

Jetzt ist immer wieder die Rede von einem mehr Europa wagen, von einem Europa, welches am Kreuzungspunkt steht. Wie nehmen Sie solche Bilder, solche Begriffe wahr? Jetzt mehr Europa wagen – inwieweit ist diese Diskussion ja auch positiv besetzt?

Dieses Motto hört man jetzt immer öfter. Und da frage ich mich zuerst, was heißt das? Europa ist eine gute Sache, und mehr Europa scheint dann eine noch bessere Sache zu sein? Das ist zu simpel. Wir haben ja gesehen, dass mit der gemeinsamen Währung Spannungen entstanden sind, die es ohne den Euro nicht gäbe. Martin Feldstein, ein bekannter Professor aus Harvard, hat vor einiger Zeit einen Beitrag geschrieben und gesagt: „Die Europäer haben jetzt Probleme, die sie ohne den Euro nicht hätten". Da ist viel Wahres dran. Ich füge dann aber sofort hinzu: „Welche Probleme hätten die Europäer, wenn sie den Euro nicht gehabt hätten?"

Und da denke ich immer noch mit Schrecken an die Krise 1992/93, als in kürzester Zeit z. B. die italienische Lira um über 30 Prozent gegenüber der D-Mark abgewertet wurde. Das hat zu einer tiefen Verwerfung im Handelsverkehr geführt und zu Gefährdungen des einheitlichen Marktes. Daher muss man fragen, was wäre geschehen, wenn beim Ausbruch der Finanzmarktkrise all die nationalen Währungen noch existiert hätten? Mit welchen Turbulenzen auf den Devisenmärkten hätte man rechnen müssen?

Woher kommt diese kritische Sichtweise, insbesondere immer wieder aus den angelsächsischen Ländern, die ewigen Unkenrufe in Richtung Euro nach dem Motto: „Dieses sogenannte Experiment, das könnt ihr einfach nicht bestehen, das muss einfach scheitern!" Jetzt erst kürzlich wiederholte auch Alan Greenspan seine Behauptung, er habe immer gesagt, das könne nicht funktionieren.

Ich habe mich selber mit ihm darüber unterhalten und gestritten. Er war davon überzeugt, das muss man ihm zugutehalten. Ein anderes prominentes Beispiel. Ich war gerade wenige Wochen im Amt als Mitglied des Direktoriums der EZB. Man bekommt da die üblichen Briefe und Glückwünsche. Ich erhielt einen Brief mit einer besonderen Botschaft von Milton Friedman, einem Nobelpreisträger. Er hat mir geschrieben: „Dear Otmar, Congratulation on an impossible job“. Und dann fuhr er weiter: „Du weißt, ich bin davon überzeugt, das kann nicht funktionieren!“ Er hat dann netterweise dazu geschrieben: „Weil Du dort bist, wird es ein bisschen länger dauern, aber der Zerfall ist unvermeidlich!“

Nun, Sie haben im Jahre 2006 die EZB verlassen.

Meine Amtszeit endete nach acht Jahren, das war das Maximum. Ich gehörte ja – wir haben das vorhin angesprochen – auch eher zu den Skeptikern, weil eben die Länder so heterogen waren und das Rahmenwerk zu wünschen übrig ließ. Die angelsächsischen Ökonomen sind – wie die meisten deutschen Ökonomen damals übrigens auch – bestimmt gewesen von der Vorstellung eines optimalen Währungsraumes. Ich denke, man soll das mit diesen wissenschaftlichen Kriterien nicht übertreiben. Aber die elf Länder hätte man sich bestimmt nicht ausgesucht, wenn man sich überlegt hätte, welche Länder passen am besten zusammen für eine gemeinsame Währung.

Jetzt sind es nicht mehr nur elf, sondern sogar 17 Länder in der Eurozone. Die gesamte EU hat gar 27 Mitglieder. Ich zitiere Jean-Claude Juncker, der sagte: „Der Euro ist – trotz aller Probleme – der Vater unserer künftigen europäischen Entwicklungen". In der jetzigen Krise kann ja auch die Chance bestehen, dass wir das jetzt hinbekommen, dass wir erst mal wach werden mussten und durch die Konfrontation mit den Problemen jetzt handeln. Sind Sie da zumindest zuversichtlich, dass die Politik jetzt die Kurve bekommen könnte?

Also zunächst: Jede Krise ist eine Chance. Das gilt im persönlichen Leben, das gilt aber auch ganz allgemein. Ein Anlass, zu überlegen, warum, wie es zur Krise gekommen ist, und woran wir in der Zukunft arbeiten müssen, damit es nicht wieder passiert, damit es besser wird, das ist die Chance, die in der Krise liegt. Wir haben vorhin darüber gesprochen: Für mich stand fest, es wird zu einer Krise kommen. Ich habe allerdings nicht mit einer solchen Dimension der Probleme gerechnet. Aber dass man sich bei den öffentlichen Finanzen auf einen Neuanfang besinnen muss, auf striktere Regeln, ich denke, das war offensichtlich, und dass man bei der Überwachung der Entwicklung der Lohnstückkosten sich anders verhalten muss, dass man die Bubble-Entwicklungen auf den Immobilienmärkten strenger überwachen und kontrollieren muss – ich denke, das waren alles Lehren, die man aus der Krise ziehen muss.

Insofern ist die Krise eine Chance, und bei aller Kritik, vor allem auch aus dem angelsächsischen Raum, sollte man nicht vergessen: Es geschieht eine Menge. Dass z. B. in Spanien erstmals seit Francos Zeiten Arbeitsmarktreformen durchgeführt werden, ist mehr als willkommen. Das war längst überfällig. Ohne die Krise wäre hier wohl nichts geschehen. Dass ein Land wie Portugal ein Programm auflegt, das das ganze Land sozusagen umkrempelt, das ist doch eine enorme Entwicklung. Und wenn es erfolgreich ist, wird man sagen, diese Krise hat uns aus einer schlechten Entwicklung herausgeführt und sozusagen wieder zum Pfad der Tugend zurückgebracht. Da ist vieles in Gang gekommen. Das sollte man nicht kleinreden. Das ist die Chance der Krise, aber noch sind wir ein ganzes Stück davon entfernt zu sagen, „das war's, jetzt geht's sicher weiter". Grundlegende Reformen in fast allen Ländern stehen noch aus.

Pfad der Tugend, wie könnte der aussehen? Es ist jetzt die Rede von der Schaffung einer Fiskalunion als Zwischenschritt in Richtung einer politischen Union. Das wäre dann final im positiven Sinne die sogenannte Krönung, also der Euro als Grundstein eines dann neuen Europas. Meinen Sie, in diese Richtung könnte es jetzt gehen?

Ich will jetzt hier nicht Semantik betreiben, aber man muss schon fragen, was Fiskalunion bedeuten soll. Ich denke, fast jeder versteht darunter etwas Verschiedenes. Für mich ist Fiskalunion im Kern nicht denkbar ohne politische Union. Warum? Fiskalunion heißt für mich, dass es eine europäische Instanz gibt, eine europäische Kompetenz bei Entscheidungen über Steuern und Abgaben. Wenn das der Inhalt einer Fiskalunion ist, dann geht das demokratisch legitimiert nur mit einer voll ausgebildeten europäischen Regierung, mit einem entsprechend verantwortlichen Parlament, mit einer entsprechenden Abgabe nationaler Souveränität. Alles andere, das sind Transfers, die mehr verkleistern, als dass sie Probleme lösen. Das ist für mich keine Fiskalunion. Das ist eine demokratisch nicht legitimierte Transferunion oder wie man das auch nennen mag. Sind wir auf dem Weg zur politischen Union? Das ist jedenfalls ein langer Prozess, der viele Jahre braucht. Dazu bedarf es eines neuen Vertrages, der Änderung der Verfassung in den Ländern. Das wird nicht ohne Referenden gehen, und das ist nicht in den nächsten zwei, drei Jahren zu erledigen.

Was passiert in dieser Zwischenzeit mit dem Euro ohne diese wirklich finale politische Lösung als Korsett? Bleibt es dann ein schwieriges Fahrwasser für die Gemeinschaftswährung?

Es wird ein schwieriges Fahrwasser bleiben. Meine größte Sorge ist, dass man aufbauend auf der Idee, vielleicht auch dem Versprechen, dass eine politische Union kommen wird, in der Zwischenzeit im Vorgriff auf die politische Union und damit die Fiskalunion bereits jetzt Risiken vergemeinschaftet und Länder in Haftung nimmt für Probleme, die woanders verursacht werden und damit verheerenden Schaden anrichtet – ökonomisch wie politisch.

Die Kanzlerin sagt immer wieder, Haftung muss im Gleichklang stehen mit Kontrolle. Dem würden Sie zustimmen, sonst hätte das keinen Sinn?

Ja! Absolut! Man muss hier allerdings vorsichtig sein. Ein bisschen mehr Kontrolle darf nicht dazu führen, dass man für Schulden anderer mehr Haftung einführt, denn von der Haftung kommt man nicht mehr runter. Das andere sind Versprechungen.

Das heißt, Sie warnen vor einer Vergemeinschaftung der Schulden innerhalb Europas?

Eurobonds oder auch der Schuldentilgungsfonds, wie vom Sachverständigenrat vorgeschlagen, das sind für mich die falschen Wege.

Wären dann die Weichen in Richtung Weichwährung Euro gestellt?

Die Risiken für die Stabilität der Währung kommen später. Zunächst landet die Rechnung beim Steuerzahler, der für die wegen der gemeinsamen Haftung steigenden Zinsen für die deutsche Staatsschuld aufkommen muss.

In Brüssel ist man mehrheitlich für solche Eurobonds. Was verbinden Sie mit Brüssel? Das wäre möglicherweise der Sitz einer europäischen Regierung, einer wirklichen Regierung und eines wirklichen Parlaments mit Macht. Für viele ist Brüssel einfach negativ besetzt, auch für viele Bürger. Was ist für Sie dieses Brüssel?

Mit Brüssel verbinde ich einen Ort, an dem ich viele Tage und Nächte in teilweise unerfreulichen Sitzungen verbracht habe. Auch mit Treffen, bei denen gemeinschaftliches Denken entstanden ist und praktiziert wurde. Das ist das Spannungsverhältnis.

Und bei aller Abneigung gegen die zentrale Instanz darf man nicht übersehen, dass Brüssel für vieles verantwortlich gemacht wird, was auf der nationalen Ebene vertan wird. Das gehört auch zum Bild. Brüssel steht ja auch als Wort für eine Vorstellung von Europa, und da möchte ich schon wissen, wie dieses Europa der Zukunft aussieht, was dort zentral geregelt wird, was auf der nationalen, vielleicht sogar auf der regionalen Ebene erledigt wird. Ich denke, diese Frage nach der Subsidiarität ist im Zusammenhang mit der politischen Union und der Fiskalunion vorher zu klären.

Es ist häufig immer die Rede von den „Vereinigten Staaten von Europa". Man empfiehlt den Blick in das Geschichtsbuch und sagt, die USA hatten ähnliche Probleme auch am Anfang mit der Schaffung des Dollar-Währungsraumes gehabt. Kann man das so vergleichen? Hilft überhaupt der Blick in die Geschichtsbücher oder ist es nicht eine sehr einmalige Entwicklung, die wir hier gerade mitmachen, eine einmalig historische Entwicklung in Europa?

Die Entwicklung ist einmalig. Das heißt aber nicht, dass der Blick in die Geschichtsbücher nicht lehrreich ist. Ich selber habe jetzt gerade einmal genauer die sogenannten Federalist Papers gelesen, weil nach dem Unabhängigkeitskrieg der USA viele Probleme diskutiert wurden, die bei uns auch anstehen: Soll der Zentralstaat, der erst im Werden war, die Schulden der Einzelstaaten übernehmen? Wenn ja, was folgt daraus? Der Vergleich mit den USA warnt uns aber auch davor, sozusagen ganz schnell irgendwohin zu springen, denn man darf nicht vergessen, es bedurfte nicht zuletzt eines blutigen Bürgerkrieges, bis die USA ihre heutige Staatsform gefunden hatten. Und das wollen wir uns ja wohl unter allen Umständen ersparen. Das heißt also, wenn aus den USA heute gedrängt wird, die Europäer sollten schnell in diese Richtung gehen, dann sollten sie bitte erst einmal selber in ihre Geschichtsbücher und in die Geschichte ihres eigenen Landes schauen. Eine einheitliche Geldpolitik gab es erst nach der Gründung der Federal Reserve im Jahre 1913, genauer gesagt erst ab 1934.

Welche Struktur würden Sie denn sehen für Europa? Eher eine föderale Struktur mit Zentralelementen in Brüssel, mit dieser sogenannten Regierung? Wäre das ein denkbarer Kompromiss eines voranschreitenden europäischen Verbundes?

Herr Scholz, Sie haben von den Vereinigten Staaten von Europa gesprochen. Ich habe hier am Center for Financial Studies die Presidential Lectures eingeführt und der erste Redner, der hier gesprochen hat, war Helmut Kohl. Er hat einen Vortrag über die Zukunft Europas gehalten und hat eine Bemerkung gemacht, die dann in der Diskussion mit über 1.000 Leuten, vorwiegend junge Menschen, die Frage eines jungen Mannes provoziert hat, der sagte: „Herr Bundeskanzler, ich habe Sie doch hoffentlich falsch verstanden. Sie haben gesagt, ‚Vereinigte Staaten von Europa wird es nicht geben!'“. Und da sagte Kohl zur Enttäuschung dieses jungen Mannes und sicher vieler Zuhörer: „Genau das habe ich gesagt und gemeint. In Europa wird etwas Eigenes entstehen!“

Das sind nicht Vereinigte Staaten von Europa, nach der richtigen Form müssen wir noch suchen. Sicher hat er viel mehr gemeint, als wir jetzt haben. Aber auf Blaupausen lässt sich Europa nicht gründen. Die kulturelle Vielfalt ist eine der Stärken Europas. Und noch einmal: Das Verhältnis von Zentralstaat und Einzelstaaten, ich denke, das muss noch endgültig geklärt werden. Mehr Europa in dem Sinne, einfach mehr Zentralisierung, ist sicher nicht eine gute Lösung.

Lassen Sie uns noch beim Vergleich dieses Europas mit den USA bleiben. Dann muss man ja auch sagen, wir sind zwar etwas schwerfällig, aber wir sind vielfältig, wir sind kreativ. Viele sagen, wir sind ein lernendes System, dieses Europa, und das ist ja durchaus positiv zu sehen. Zumindest, wenn wir die richtigen Lehren und Kräfte daraus ziehen.

Also man muss sich das auch schon einmal überlegen: Wo leben wir denn, wenn hier Erwartungen an bestimmte Gipfel erzeugt werden, sei es mit 27 oder auch nur mit 17 Ländern. Das sind 17 Regierungen, meist mit Koalitionsregierungen zu Hause, die müssen sich einigen. Dann gibt es Neuwahlen, dann gibt es neue Anläufe. Das ist ein Prozess, der nach demokratischen Regeln ablaufen muss. Deswegen sollte man auch die Politik nicht überfordern. Aber sie gibt auch viel zu häufig den Eindruck, als ließen sich bestimmte Dinge einfach lösen. So ist das nun mal nicht. Man darf nicht die Erwartungen ins Unermessliche steigen lassen, dann sind die Enttäuschungen nämlich umso höher.

Man muss sich darauf konzentrieren, worum es jetzt konkret geht und man muss auch klären, was auf absehbare Zeit nicht möglich ist. Und wenn die Kanzlerin sagt, Eurobonds wird es mit uns nicht geben, dann sollten bitte diejenigen, die das dauernd fordern, endlich damit aufhören. Denn sie befördern nur Zwist, Unsicherheit an den Märkten und schaffen den Raum für neue Attacken auf einzelne Währungen. Die Deutschen werden dann dafür verantwortlich gemacht. Sollen sich auch diejenigen in die Verantwortung nehmen, die etwas fordern, von dem sie wissen, dass es von deutscher Seite auf absehbare Zeit so nicht akzeptiert werden wird.

Wie können wir denn weitere solcher Attacken aber nun abwehren, möglichst zeitnah, d. h. in den nächsten Monaten und Quartalen? Wie können wir den Euro an sich stabilisieren, wenn der große Wurf so schnell nicht möglich sein wird?

Die große, schnelle Lösung, die gibt es nicht. Und alles, was in die Richtung Eurobonds oder sonst Ähnlichem geht, wäre für mich, wie gesagt, das Ende einer stabilitätsorientierten Währungsunion. Wir werden auch weiterhin einen Wettlauf zwischen den Märkten und der Politik erleben. Und wie Sie vorhin schon gesagt haben, die Politik hechelt hinterher. Sie ist aber daran auch selbst schuld, weil sie immer noch Maßnahmen signalisiert, die auf absehbare Zeit nicht realisierbar sind. Man sollte endlich einmal deutlich machen, dass es auf absehbare Zeit keine politische Union geben wird, geben kann, was immer man sich für die Zukunft auch wünschen mag. Das hat Konsequenzen. Die fast grenzenlose Ausdehnung der gemeinsamen Haftung ist damit jedenfalls nicht vereinbar. Das muss man deutlich machen. Und dann muss man überlegen, was man unter diesen Restriktionen vernünftigerweise tun kann, um Krisenmanagement zu betreiben. Aber die beiden Dinge gehen dauernd durcheinander. Da muss man sich nicht wundern, wenn die Märkte immer wieder negativ reagieren und die Politik sich als Getriebener fühlt.

Und wie könnte so ein Krisenmanagement konkret aussehen? Was wären Ihre Vorschläge für ein vernünftiges realistisches Krisenmanagement?

Dazu gehört eine klare Aussage, was es in absehbarer Zeit nicht geben wird: Eben keine politische Union, infolgedessen darf es auch auf absehbare Zeit keine weitere Vergemeinschaftung von Schulden geben. Haftung dort, wo die Schwierigkeiten verursacht werden. Die einzelnen Länder müssen ihre Probleme lösen. Wenn Spanien Probleme mit seinen Banken hat, dann muss der Staat eben um Hilfe bitten, aber der Staat muss dann auch dafür garantieren. Es geht doch nicht, dass die Gemeinschaft für Gelder haftet, die zur Rettung spanischer Banken eingesetzt werden. Das ist eine geradezu absurde Vorstellung. Es müssen klare Grenzen aufgezeigt werden, dann ist auch der Zeithorizont überschaubar, dann sind auch die Probleme nicht mehr scheinbar unlösbar. Dann bricht man sozusagen die Dimension der Probleme auf verkraftbare Summen herunter.

Stichwort Summen. Wird denn der Rettungsschirm da überhaupt ausreichen, Herr Professor Issing? Weil, dies scheint ja das Instrument zu sein, auf das es im Moment in erster Linie hinausläuft. Und nun soll dieser auch noch die maroden Banken in Europa retten. Ein Fass ohne Boden?

Es kommt ganz darauf an, was man damit macht. Meine Erfahrung ist die, dass, wenn man viel Geld ins Fenster stellt, man morgen noch mehr braucht; denn der politische Prozess ist nun einmal so organisiert, dass, wenn es Mittel gibt, man die auch sehr bald benötigen wird. Das Geld wird dann nie reichen. Deswegen ist Widerstand von deutscher Seite gegen die stetige Ausweitung der Fonds durchaus gerechtfertigt. Schließlich steht Deutschland bereits mit riesigen Summen in der Haftung.

Und trotzdem soll es nun auch in Richtung einer Bankenunion in Europa gehen. Das klingt ja schon fast so komplex, wie die Währungsunion an sich. Teilen Sie die Sorgen vieler anderer Ökonomen, die diesen vermeintlichen Schritt in Richtung einer kollektiven Haftung für die Schulden der Banken des Eurosystems heftig kritisieren? Bei deutschen Sparern löst dies zumindest gewisse Ängste aus.

Eine Währungsunion verlangt als Ergänzung sicherlich eine Bankenunion. Zentrale Aufsicht und ein gemeinsames Vorgehen bei Restrukturierungen gehören dazu. Das wird aber Zeit brauchen. Es ist für mich jedoch undenkbar, dass die Rücklagen deutscher Einlagensicherungen für die Rettung maroder Banken im Ausland herangezogen werden.

Und es ist ja nicht so, dass wir nicht bereits jetzt schon reichlich Schulden vergemeinschaftet haben und Deutschland mit einem ordentlichen Anteil dafür geradesteht.

Das ist wohl wahr!

Mit anderen Worten, auch Deutschland, die Position und Rolle der Deutschen sollten wir nicht überfordern. Auch das ist ja eine Warnung der Bundeskanzlerin. Auch unsere Grenzen der Belastbarkeit sind irgendwann erreicht.

Ich habe vor Kurzem schon einmal geschrieben: „Europa in Not, Deutschland in Gefahr". Man hilft Europa nicht, wenn man Deutschland auch in Not bringt, indem es sich übernimmt mit immer mehr Haftung für die Schulden anderer.

Und deswegen gibt es natürlich zugleich auch andere Stimmen, die sagen, dieses Experiment Euro, wenn es nicht jetzt schon gescheitert ist, es wird scheitern. Deswegen wollen immer mehr Bürger zurück zu den nationalen Währungen. Sie wollen zurück zur D-Mark. Können Sie diese Zwischenrufe verstehen?

Leider Gottes versteht man immer mehr, warum diese Rufe so laut erhoben werden. Aber es wäre eine Illusion anzunehmen, mit einer eigenständigen D-Mark führen wir besser. Das ist nicht der Fall. Man sollte sich darauf konzentrieren, den Euro wieder zu dem zu machen, als was er gedacht war, nämlich eine stabile Währung, stabil gehalten von einer unabhängigen Notenbank, die ein klares Mandat verfolgt, nichts anderes, und dass die anderen Akteure, vor allem die nationale Politik, ihre Hausaufgaben machen.

Stehen wir denn wirklich ohne Alternative da? Es heißt immer, ein Zurück kann es nicht geben, darf es nicht geben, weil, ansonsten würde Europa am Abgrund stehen. Was halten Sie von der Gleichung „Scheitert der Euro, dann scheitert auch Europa!"?

Ich halte das für eine Zuspitzung. Ich bin nicht der Meinung, dass Europa als Idee, als Projekt, als gemeinsamer Markt in dieser Form auf Gedeih und Verderb mit dem Euro verbunden sein muss, aber ein Scheitern des Euro würde riesige Turbulenzen erzeugen und den ganzen europäischen Integrationsprozess weit, weit zurückwerfen.

Sie warnen davor. Dieser Weg sollte und darf nicht begangen werden?

Ich meine alternativlos, das gibt es nicht. Es gibt immer Alternativen. Die sind nur dann besser oder schlechter als das, was man hat. Ich denke, es spricht alles dafür, den Euroraum zu retten. Wie viele Länder dann da auf Dauer mitmachen können, das muss sich herausstellen.

Mit anderen Worten, wir würden es verkraften, wenn einzelne Glieder aus der Kette möglicherweise abreißen, aus welchen Gründen auch immer – das würde auch der Euro verkraften?

Nicht aus welchen Gründen auch immer. Man muss aber schon überlegen, ob man einem Land, das noch keine Verpflichtung eingehalten hat, das nach wie vor intransparent ist, Dinge mehr oder weniger verfälscht, ob man dem weiter Geld geben kann.

Sie reden von Griechenland.

Es geht nicht darum, ein Land aus der Währungsunion auszuschließen. Das geht rechtlich schon gar nicht. Sondern es geht darum, wie glaubwürdig ist eine Politik, die heute erklärt, „also noch einmal gibt es Hilfe, aber nur unter der Bedingung, dass Ihr Eure Verpflichtungen einhaltet", und sich dies dann immer wiederholt, ohne dass aber eben diese Vereinbarungen auch eingehalten wurden. Damit gefährdet man die Glaubwürdigkeit des ganzen Prozesses. Und eines darf man ja nicht vergessen, das gefährdet auch die Reformpolitik von Ländern wie Portugal, die sich strikt an die Vorgaben halten. Wie kann dort die Politik ihren Bürgern überzeugend erklären: Wir müssen uns an unsere Verpflichtungen halten, Reformen durchführen, auch wenn sie zunächst schmerzhaft sind – wenn es an anderer Stelle einen „Rabatt" nach dem anderen gibt?

Wenn wir ein Zwischenfazit ziehen: Hat der Euro denn seine an ihn gerichteten Erwartungen erfüllt? Wahrscheinlich nicht alle im Nachhinein. Mit seinen 13 Jahren ist einiges erfüllt worden, insbesondere auch die Stabilität sicherlich. Sie sagen, er sollte wieder stabil werden, aber zumindest was die Preisstabilität anbelangt, ist dieses Versprechen ja bislang eingelöst worden. Und bei all den Problemen und Herausforderungen, die wir derzeit haben, muss man ja schon sagen,

der Euro ist – jedenfalls bislang – eine erstaunlich stabile und widerstandsfähige Währung. Wo sind Ihrer Ansicht nach die Erwartungen erfüllt worden und wo muss man auch fairerweise sagen, sind Erwartungen nicht erfüllt worden, die auch Sie hatten vor 13 Jahren, als einer der Euro-Gründungsväter?

Wenn es um die Preisstabilität geht, dann haben die Europäische Zentralbank und damit der Euro dieses Versprechen eingelöst. Die Inflationsrate liegt mehr oder weniger bei der Zielvorstellung der EZB, und auch wenn die Phase kurz ist: Der Euro war stabiler als die D-Mark während ihrer 50 Jahre. Dieses Versprechen ist eingehalten worden. Das wird auch weiter geschehen. Davon bin ich überzeugt. Das Drumherum, die Politik, hat ihre Hausaufgaben nicht gemacht. Und hier ist eben diese Spannung, die daraus entsteht, dass es elf und heute 17 souveräne Staaten sind, die sich selbst nicht diszipliniert haben, und die sich jetzt nicht mit dem abfinden wollen, was eine Grundlage der Währungsunion war, nämlich die No-Bail-Out-Klausel, wie sie ja verkürzt heißt, wonach kein Land Verpflichtungen für die Schulden anderer Länder übernimmt, was im Umkehrschluss heißt, jedes Land ist für die Politik verantwortlich, die es selber betreibt.

Da müssen wir also wieder hin zurückkehren, zur Einhaltung dieser Klausel?

Absolut! Anders geht es nicht.

Sonst wäre der Euro wirklich in Gefahr?

Jedenfalls der Euroraum in seiner jetzigen Zusammensetzung.

Sie haben das Thema Preise angesprochen. Auf der anderen Seite warnen viele Beobachter vor möglichen „japanischen Verhältnissen". Inflation sei gar nicht mehr das zentrale Problem, obwohl genug billiges Geld in die Finanzmärkte gepumpt wurde. Die Zinsen sind historisch niedrig. Wir haben nicht wirklich Inflation, sogar in Deutschland nicht, trotz eines soliden Wirtschaftswachstums. Ist nicht eher die Gefahr einer Deflation gegeben, also sinkender Preise? Wie sehen Sie das im Moment?

Das ist typisch für die gegenwärtige Situation. Das können Sie inzwischen auf zahlreichen Konferenzen erleben. Der erste Redner hält einen flammenden Vortrag über die Inflationsgefahren wegen der weltweit hohen Liquidität. Der nächste Redner beschwört das Risiko der Deflation.

Und wer von beiden hat recht?

Wenn wir uns die Inflation zunächst einmal anschauen, dann ist dieses Risiko auf die nächsten ein, zwei Jahre gesehen nicht existent. Aber in dem Moment, indem die Wirtschaft wieder wirklich anspringt und aus Bankenliquidität Bankkredit wird, die Geldmenge stark wächst, dann kommt der Augenblick, in dem die Notenbanken den Hebel umlegen müssen und zwar möglichst rasch und nicht zu spät, sonst gibt es tatsächlich eine starke Inflation, weltweit. Das ist die eine Seite.

Die Gefahr der Deflation, die wurde uns schon vorgehalten in der EZB bald nach dem Start. Ich habe das damals nie als reale Gefahr gesehen. Wir waren immer deutlich entfernt davon. Was heute droht, ist eine Form der Stagnation, wenn Europa seine Wachstumsschwäche nicht überwindet, wenn es nicht gelingt, das Produktionspotenzial zu erhöhen. Man darf bei aller Zufriedenheit über die aktuelle konjunkturelle Lage in Deutschland nicht vergessen: Das Potenzialwachstum beträgt magere 1,25 Prozent. Das sind sozusagen die Aussichten für die Zukunft, die Aussichten für inflationsfreies Wachstum. Das ist alles andere als berauschend. Hier ist also eine Menge an Investitionen nötig, um das Potenzial zu verbessern und das gilt erst recht für andere Länder in Europa.

Wo wir beim Thema „Sparen und Wachsen" sind und der Frage, ob beides gleichzeitig geht – auch eine zurzeit sehr emotional geführte Diskussion. Auf der einen Seite ist da der Fiskalpakt, auf der anderen Seite will man mit einer Art Wachstumspakt Wachstumsimpulse setzen und die Wirtschaft stabilisieren und unterstützen und letztlich damit auch das Potenzialwachstum in der Eurozone und Europa wieder mittel- und langfristig erhöhen. Wird beides denn zusammen gelingen oder ist das nicht ein Widerspruch in sich?

Was mich an dieser Debatte vor allem stört, fast aufregt, ist der Missbrauch des Wortes Wachstum bzw. Wachstumspolitik. Was unter diesem Terminus diskutiert, ich sage einmal, verkauft wird, ist oft nichts anderes als ein konjunkturpolitisches Strohfeuer, erzeugt durch weitere Schulden. Und das ist nicht Wachstum. Einmal ganz simpel formuliert. Da bauen sie eine Straße. Wenn die Infrastruktur drum herum nicht stimmt und die Anreize für die private Wirtschaft fehlen, dann bleiben am Schluss die Straße und höhere Schulden. Das ist es nicht, worum es geht, sondern es geht um dauerhaftes Wachstum. Und dort, wo ein Land damit kämpft, überhaupt wieder Zugang zum Kapitalmarkt zu gewinnen, gibt es zur Konsolidierung der öffentlichen Finanzen wirklich keine vernünftige Alternative. Da müsste man erst einmal alles tun, damit man die hohen Zinsen wieder auf ein erträgliches Niveau zurückbringt.

Mit anderen Worten, wir müssen bewusst durch diese Periode der Schmerzen, auch wenn dies einige Jahre dauern könnte?

Ja, Reformen wirken nicht schnell und die notwendige Konsolidierung braucht Zeit. Da ist immer die Rede vom Kaputtsparen. Wenn Sie da einmal genauer hinschauen, sind das teilweise Situationen, in denen ein Land sein Defizit z. B. von neun auf sieben Prozent bringen soll. Da kann man dann immer noch darüber streiten, welches konjunkturelle Tempo in diesem Fall angemessen ist. Aber da von Kaputtsparen zu sprechen, das ist schon eine Verballhornung des Begriffs.

Fazit – Sie würden sagen, und da bleiben Sie auch dabei, trotz aller Unkenrufe: Der Euro mit seinen 13 Jahren, da ist jetzt zwar möglicherweise die Versetzung gefährdet, er muss noch einmal ein Schuljahr

wiederholen, aber dann geht es weiter. Er bleibt am Leben, er wird diese Krise, auch wenn sie sehr heftig ist, vielleicht die größte Krise seit dem 2. Weltkrieg ist, er wird diese Krise überleben?

Davon gehe ich aus.

Meine Kinder sind jetzt ein Jahr und sechs Jahre alt. Die haben ja nie die alte Währung kennengelernt, wie viele andere junge Menschen auch. Es wird auch kein Zurück geben in nationale Währungen?

Also jedenfalls nicht in Deutschland!

Und wo sehen Sie den Euro im internationalen Vergleich, im Konzert mit den ganz Großen, also mit dem US-Dollar und selbstverständlich auch mit der chinesischen Währung, dem Renminbi? Welches Kräfteverhältnis erwarten Sie da auf Sicht der nächsten zehn Jahre?

Die Zukunft des Renminbi hängt von der Zukunft der Wirtschaftspolitik und darüber hinaus der allgemeinen Politik Chinas ab. Da gibt es viele Fragezeichen. Wenn das gut läuft, dann ist es unvermeidlich, dass die chinesische Währung sozusagen das dritte Element einer internationalen Währungsordnung werden wird. Aber noch einmal, das ist Zukunft. Im Moment haben wir ein duales Währungssystem, und bei allen Problemen des Euro sollte man nicht übersehen, dass in Amerika beim Dollar auch nicht alles zum Besten steht. Dieses duale Währungssystem mit dem Dollar und dem Euro als führende Währungen, davon gehe ich aus, wird für längere Zeit die Weltwährungsordnung bestimmen.

Man kann ja durchaus sagen, die Währungen auf beiden Seiten des Atlantiks sind in gewisser Weise fußkrank.

Ja, nur hilft uns das nicht wirklich weiter, aber das gehört zu einer realistischen Einschätzung der Situation. Da haben Sie recht.

Europa, wenn wir das mit einer Vision verbinden wollen, vielleicht auch mit einer Botschaft an die jungen Menschen, Herr Professor – wie würden Sie diese Vision aus Ihrer Sicht formulieren? Da wurde viele Jahre über den Lissabon-Prozess diskutiert, über „Euro-Plus", über ein nachhaltiges Wachstum, über ein „Mehr" von Europa, ein Europa der Stärke. Wie würden Sie Ihre Vision formulieren und zusammenfassen für dieses Haus Europa?

Meine Vision Europas hängt mit meiner persönlichen Erfahrung zusammen. Ich bin durch die Ruinen meiner Heimatstadt zur Schule gegangen. So habe ich das erlebt. Und ich habe in der Schule noch gehört, dass jenseits des Rheins der Erzfeind lebt – und jenseits des Kanals ist es noch schlimmer. Und später, da konnte ich dann reisen im freien Europa. Ich habe Freunde in diesen Ländern. Das ist für mich Europa. Ich reise durch die Gegend, wie Sie auch. In vielen Fällen muss man keinen Pass mehr vorzeigen. Das ist alles ganz selbstverständlich. Europäer verstehen sich untereinander. Junge Leute studieren wechselseitig in den einzelnen Ländern. Das ist für mich Europa, ein Europa ohne Grenzen, einmalig in seiner kulturellen Vielfalt.

Der Euro ist ein Element dabei, aber Europa, meine Idee von Europa ist zunächst einmal dieses Europa ohne Grenzen, in Freiheit mit Völkern, die friedlich miteinander leben und um die Lösung von Problemen miteinander ringen. Dann sollte das auch mit dem Euro gelingen.

Hat uns der Euro denn zumindest ein wenig näher zusammenrücken lassen, trotz aller nationalen Unterschiede, die es natürlich geben muss in diesem vielfältigen Europa, die ja auch nicht unbedingt negativ sein müssen?

Das war am Anfang durchaus so. Der Euro und der Konvergenzprozess in den 90er-Jahren haben zu einer Übereinstimmung der Bestrebungen der Ziele geführt: solide Haushalte, stabile Währungen, niedrige Inflationsraten – das war die Gemeinsamkeit, die zunächst getragen hat. Im Moment kommen die negativen Seiten zum Tragen, die müssen schnell überwunden werden.

Also müssen wir jetzt aufpassen, dass diese Schere nicht auf einmal wieder zu weit aufgeht?

So ist es.

Und gleichzeitig müssen wir der Gefahr einer Marginalisierung Europas in der globalisierten Welt entgegentreten. Denn man wird nicht auf uns warten.

Ohne Stabilität der Währung, ohne solides Wachstum und hohe Beschäftigung bliebe Europa auch politisch schwach.

Vielleicht erleben wir ja gerade Geschichte, von der wir vielleicht in zehn, 15 oder 20 Jahren sagen: „Was war das damals doch für ein Gegipfel und ein Gestöhne, das war anstrengend, diese Annäherungsprozesse, diese schrittweise europäische Integration, aber es hat sich ja gelohnt.“ Im Jetzt fällt es ja häufig schwer, zu begreifen, dass gerade Geschichte geschrieben wird. Erleben wir gerade eine solche Entwicklung?

Also wenn die Dimension der Krise Anlass ist für dieses Beiwort „Wir erleben Geschichte“, dann erleben wir Geschichte. Das ist sicher richtig. Es gibt den Spruch von Monnet: „Europa kommt nur durch Krisen voran“. Für die Vergangenheit stimmt das auch. Aber ich warne davor, diese Methode zu überstrapazieren. Das könnte auch mal schiefgehen.

Vielen Dank, Herr Professor Issing, für das Gespräch.

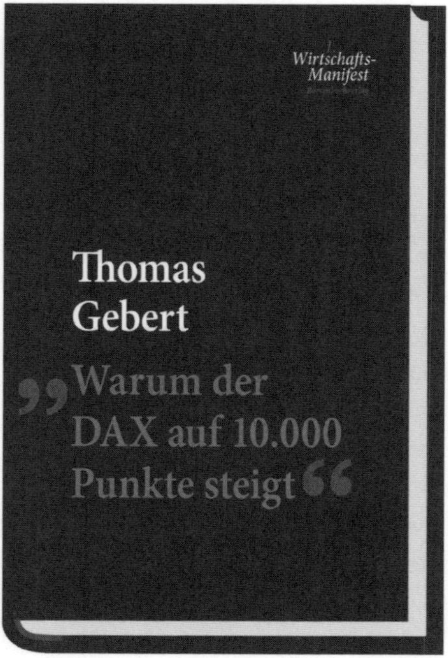
Wirtschafts-
Manifest
Thomas
Gebert
„Warum der
DAX auf 10.000
Punkte steigt“

Wirtschafts-
Manifeste
Börsenbuchverlag

Thomas Gebert ist seit mehreren Jahrzehnten an den Finanzmärkten aktiv. Der von ihm entwickelte Börsenindikator wird regelmäßig in der Wirtschaftspresse besprochen und diente einer führenden Investmentbank als Grundlage für ein erfolgreiches Zertifikat. Inmitten der Finanzkrise will der Börsenprofi eine Lanze für den Optimismus brechen. In seinem Manifest mit dem provozierenden Titel „Warum der DAX auf 10.000 Punkte steigt" zeigt er, warum er gute Chancen sieht, dass sich die aktuelle Krise mit ein wenig Abstand als hervorragende Kaufchance für mutige Investoren erweisen könnte.

Wirtschafts-
Manifeste
Börsenbuchverlag

Hermann Kutzer ist einer der bekanntesten Finanz- und Wirtschaftsjournalisten Deutschlands. Nach einer jahrzehntelangen erfolgreichen Karriere als Ressortleiter, Chefredakteur, Moderator und Fernsehkommentator ist er seit 2007 freiberuflich tätig. In dem vorliegenden Manifest erklärt er, wieso ein Umdenken in Wirtschaft und Politik dringend erforderlich ist und in welche Richtung es zielen sollte. Eines sei vorab verraten: auf keines der beiden im Titel genannten Extreme.

Weitere Wirtschafts-Manifeste folgen!